AF233780

Garreau Paul

Discours prononcé par Mr Paul Garreau
sur la tombe de Mr Charles Godélier
le 7 mars 1877

DISCOURS

*Prononcé par M. Paul Garreau, médecin prin-
cipal de première classe, en retraite, sur la tombe
de M. Charles Godélier, né à Poitiers, le 19
novembre 1813, décédé à la Rochelle, le 7
mars 1877.*

MESSIEURS,

Il y a déjà près de 25 ans, que, dans ce champ de
repos, je prenais la parole sur une tombe, pour rendre
hommage à la mémoire d'un soldat, d'un de nos glo-
rieux volontaires de la grande époque, devenu chirur-
gien principal des armées, l'un des derniers survivants
de l'expédition d'Egypte. — Cet homme de bien, aussi
modeste que dévoué, était Claude-Charles Godélier,
le père de cet ami, de ce frère, sinon par le sang, du
moins par l'union la plus sainte, la plus intime de
l'âme, dont j'ai la douleur d'accompagner ici la dé-
pouille mortelle.

Comment n'éprouverais-je pas le besoin pieux de vous dire au moins quelques mots de lui, de ses vertus variées, si aimables et si utiles, si sympathiques et si fécondes dans la vie privée, dans le cercle de la famille ; si distinguées dans la science et dans l'art, si puissantes pour le bien, dans la vie publique, surtout à l'heure du danger.

J'en appelle au souvenir de quelques-uns de ses compagnons d'enfance, ici présents ; ils l'ont connu jeune homme, ils l'ont connu poëte, enthousiaste, aimant, aimé, digne de l'être, entraînant et habile à bien dire, comme à bien écrire, promettant enfin une recrue d'élite, soit au barreau, soit à une tribune quelconque, soit à la carrière littéraire, qui semblaient l'appeler. Les circonstances en ont décidé autrement : Charles Godélier dut embrasser la carrière de son père. Le lien profond qui nous unissait pour la vie dès lors était formé, et ce n'est pas sans une émotion intraduisible, que je me rappelle ces jours où je lisais dans son cœur et lui dans le mien, ce moment décisif où j'ai connu les luttes, les regrets, même les déchirements de sa conscience, lorsqu'il lui fallut renoncer à ses premières prévisions, à des espoirs de vingt ans, trop tôt conçus, trop tôt déçus, laisser sa ville natale et les personnes aimées, pour une existence humble et laborieuse, austère et soumise, toute de devoir strict et de charité. — Je ne parle pas de ses dangers !

Ah ! la charité du moins était dans les inclinations essentielles de Godélier, et si quelque chose l'a soutenu et consolé, c'est elle ! — Je puis bien dire, parce que cela se rapporte à lui et à son influence vivifiante, je puis dire que sa destinée, dans ce moment si anxieux, a décidé de la mienne, et que s'il m'est donné de pouvoir l'apprécier ici dans ses qualités spéciales, c'est que nous avons fait le même voyage, la main dans la main, chacun selon nos forces, l'un suivant l'autre et le prenant incessamment pour modèle et pour conseiller. Autant, en effet, il fut mon ami dévoué, autant il fut en tout, pour moi, l'exemple à suivre et la raison même à consulter.

Attaché désormais à la culture des sciences et de l'art médical, Godélier ne pouvait pas y être médiocre ; il comprit de suite que le professorat l'attendait.

Cet esprit souple et fort sut se vaincre lui-même, surmonter, dompter l'élément imaginatif pour s'assouplir à la rigueur des méthodes scientifiques. Il devint un savant, un professeur estimé, goûté de ses élèves, un clinicien d'une exactitude irréprochable dans l'analyse, d'une finesse exquise dans le diagnostic, que Strasbourg et le Val-de-Grâce, trente années durant, virent à l'œuvre, à tour de rôle, toujours au niveau de lui-même et des nouvelles découvertes, prudent, réservé dans ses jugements, ses inductions, mais très habile à déceler le secret d'un problème, à saisir et faire saisir le lien des phénomènes. Et cela, messieurs, sans préjudice, au lit du malade, des ménagements que le médecin lui doit, et qui doivent être notre préoccupation première et constante ; car, à la clinique comme partout, l'amour de celui qui souffre, le respect de la douleur passent avant n'importe quel intérêt, hormis celui de la guérison. C'est là, au reste, une question de tact et de cœur, et nul n'a jamais été formé pour la mieux comprendre et la mieux résoudre que Godélier.

Mais la vie d'un médecin militaire, fût-il professeur et sédentaire, ne coule pas toujours tranquille sur une pente égale. Il faut compter avec les grandes épidémies, pendant lesquelles nos hôpitaux permanents deviennent des champs de bataille. C'est là, au milieu des cholériques, à trois reprises, et plus tard, au milieu des typhiques, déversés jusqu'à Paris par l'armée d'Orient, que Godélier conquit ses grades, jusqu'à celui de médecin principal de 1re classe, ses titres honorifiques, jusqu'à celui de commandeur de la légion d'honneur, et de plus beaux encore, ses titres moraux à la reconnaissance des familles et du pays, ses titres immortels devant le père des hommes ! — Nul ne saura jamais tout ce qu'il a fait, sinon Dieu et quelques pauvres soldats guéris qui conservent en eux le souvenir de sa charité si éclairée, si ingénieuse ; et sinon quelques sœurs hospitalières, dignes en tout point d'un pareil chef de service, qui ne prononcent son nom qu'avec reconnaissance et respect.

J'ose cependant rappeler qu'il fut, — pardonnez-moi le terme, pris en flagrant délit par le maréchal Vaillant, dans son Val-de-Grâce, pendant une de ces épidémies de choléra, et qu'il reçut des mains de ce ministre de la guerre la croix de chevalier de la Légion-d'Honneur.

En même temps il achevait quelques bons travaux pour la science, des observations de maître, entre autres un mémoire sur les fièvres endémiques de notre pays, et un travail sur le typhus qui attira l'attention de l'*Académie de médecine* et contribua à résoudre la question, tant controversée, de la non identité du typhus et de la fièvre typhoïde. — Mais ce n'est pas ici le lieu d'apprécier ses écrits, j'aime mieux, messieurs, vous parler de l'homme et de son caractère.

A un certain moment (c'était sous le ministère d'Autpoult), l'enseignement médical militaire fut mis en question ; Godélier dût laisser son école, ses recherches, ses études, ses habitudes et partir pour l'Algérie. A son tour il devint un médecin militant sous ce climat nouveau pour lui, avec de moindres ressources et des mouvements hospitaliers énormes. Là encore il a laissé sa marque, sa méthode, son entrain, son influence : l'organisation du service sanitaire de Philippeville lui doit beaucoup.

Mais le combat de la vie n'était pas fini ; Godélier rentre en France, à Paris, où il est appelé de rechef aux fonctions de professeur. Il revoit son Val-de-Grâce. Or, c'est là qu'après des années d'assiduité, médecin traitant et clinicien, juge des concours, interrogateur en tournée, pour le recrutement du corps, c'est là, dis-je, que dans de terribles circonstances, il a reçu le coup fatal qui a hâté sa fin.

L'armée allemande s'avançait vers Paris à marches forcées ; Godélier dirige en toute hâte sa femme et ses deux filles sur la Rochelle ; son fils, officier d'état-major, était devant l'ennemi ! — Mais pour un cœur aussi français, aussi fier et aussi tendre que le sien, voir la grande Patrie envahie, humiliée, son Paris sacré investi, bientôt occupé peut-être ; voir l'épaisseur des lignes prussiennes s'étendre, se consolider,

entre lui et la France , entre lui et tout ce qu'il chérissait ; les longs mois de cet hiver lugubre et glacé
s'écouler presque sans nouvelles ; des légions de ma-
lades et de blessés encombrer les hôpitaux ; des dou-
leurs sans nom incessamment croissantes, au fur et
à mesure que les ressources diminuaient : c'était trop
pour lui ! Une violente attaque de colique hépathique
le mit à deux doigts de la mort. — Lorsque la paix fut
signée et que sa famille put enfin le rejoindre, s'il était
convalescent , en apparence, au fond il n'était plus le
même homme ; un ébranlement profond du système
nerveux central l'avait atteint dans le vif. Et c'est à ce
moment là , messieurs, qu'il eut à subir toutes les
horreurs du second siège ; que signalé aux hommes
de la commune comme retenant indûment , dans les
salles du Val de Grâce , les soldats de l'armée qu'ils
prétendaient incorporer de force dans leurs rangs, après
guérison , il fut désigné , entre autres , pour être fu-
sillé. — Godélier n'a dû son salut qu'à l'occupation si
rapide de Paris par l'armée de Versailles. — Mais l'in-
cendie de la grande cité, ses lueurs affreuses éclairant
tant de ruines et de sang ; mais l'explosion , sous ses
fenêtres, du dépôt de poudre de l'allée du Luxem-
bourg, le bris de ses glaces, des meubles, l'ébranlement de sa maison, les angoisses de trois femmes cou-
rageuses, frémissantes pour un mari et un père, plus
assurément que pour elles-mêmes : en fallait-il d'avan-
tage pour altérer les grands ressorts de cette belle
mais délicate organisation ? — Godélier, messieurs,
ne s'est jamais relevé de cette funeste atteinte ; nous
l'avons vu avec joie revenir parmi nous, et dans ce

pays des rêves de sa jeunesse, qu'il chérissait ; mais avec quelle tristesse ceux qui l'appréciaient selon sa valeur, ou qui lui étaient attachés par les liens du sang ou de l'affection, ne constataient-ils pas qu'il portait en lui une épine cruelle, et qu'il allait s'affaiblissant, au jour le jour !

L'issue fut malheureusement plus prompte encore qu'on ne pouvait le supposer ; une nouvelle crise hépathique, des plus désastreuses, vint, tout à coup, lui infliger ses tortures ; ce cerveau naguère si puissant, mais déjà malade, n'y résista pas ; l'ami que nous pleurons perdit, en peu de jours, la mémoire, la parole, ses brillantes facultés et enfin la vie !

MESSIEURS,

Les traits les plus saillants de cette conscience supérieure furent l'amour des hommes et l'amour de la vérité, la charité et la droiture en toute chose. Ah ! si l'Evangile et l'assentiment général des civilisés, ont fait de la charité la vertu première, prééminente, Godélier est, à ce titre, un enfant, s'il en fut jamais, du Dieu personnel et vivant de l'Evangile et de la raison ; et si celui qui a dit « *je suis la vérité* », indique ainsi aux hommes l'âpre et unique sentier qui conduit au Père, qui donc parmi ceux qui furent altérés de vérité et de justice, qui donc, ô cher, ô bien cher ami, serait accueilli dans le sein de la délivrance, sinon toi ?

Adieu, Charles ! — J'aime à t'appeler, dans ce suprême instant, de ton petit nom, celui de notre amitié, celui de mes habitudes. — Adieu ! recueille, ami, ce que tu as semé ; et puissè-je, pour le peu qui me reste à vivre, semer abondamment ce grain de la victoire que tu viens de remporter !

O Charles ! Adieu !!

La Rochelle, Typ. A. Siret.